ÉTUDES

HÉRALDIQUES

PAR

M. Anatole de BARTHÉLEMY

PARIS

LIBRAIRIE HISTORIQUE DE J.-B. DUMOULIN, LIBRAIRE DE LA SOCIETÉ
DES ANTIQUAIRES DE FRANCE
13, QUAI DES AUGUSTINS, 13

1878

ÉTUDES

HÉRALDIQUES

ÉTUDES

HÉRALDIQUES

PAR

M. Anatole de BARTHÉLEMY

PARIS

LIBRAIRIE HISTORIQUE DE J.-B. DUMOULIN, LIBRAIRE DE LA SOCIÉTÉ
DES ANTIQUAIRES DE FRANCE

13, QUAI DES AUGUSTINS, 13

1878

ÉTUDES

HÉRALDIQUES

Nous commençons une série d'articles, dans lesquels nous nous proposons de faire connaître des types héraldiques recueillis en Bretagne sur toute espèce de monuments : les pierres tombales, les vitraux, les sceaux, nous fourniront les matériaux de ce travail, dans lequel nous nous servirons aussi de documents où nous trouverons des indications précises sur des armoiries peintes ou sculptées, qui ont disparu depuis longtemps. Nous prions nos lecteurs de ne pas oublier que notre intention n'est pas de faire une monographie, mais simplement de classer des notes et des dessins recueillis çà et là.

Les armoiries figurées sur les monuments sont de véritables dates ; elles offrent aussi un intérêt tout particulier par la manière dont elles sont disposées dans les sculptures et les peintures, par les ornements dont elles sont accompagnées, enfin par leurs provenances.

La Bretagne est peut-être la province où la disposition des armoiries dans une église, ou dans une simple chapelle, soulevait le plus de difficultés : il y avait là des questions de prééminence dans lesquelles l'amour-propre était en jeu. Chaque paroisse comprenait une multitude de petits fiefs, formant chacun un écart, et chacun voulait avoir part aux honneurs.

Aussi, Hévin, le célèbre jurisconsulte breton, disait (*Consult. II*, p. 43), que « la passion des prééminences d'église entêta fort la noblesse de Bretagne, depuis 1350. » Ne sourions pas trop de cette *passion* à qui on est redevable d'enquêtes où nous retrouvons aujourd'hui des détails curieux, même des renseignements iconographiques.

Ainsi, une note recueillie par D. Morice, et conservée dans les documents réunis par lui pour une histoire encore inédite de la maison de Rohan, nous apprend que Olivier, vicomte de Rohan, mort en 1326, avait fait exécuter le grand vitrail de l'abbaye de Bonrepos. Il y était représenté, ainsi qu'Alix de Rochefort, sa première femme, Alain, son fils aîné, et Jeanne de Rostrenen, sa belle-fille. Les hommes étaient rangés du côté de l'Evangile, vêtus de robes rouges semées de macles d'or; les femmes, du côté de l'Epître, portaient sur leurs habits les armes de Rohan, parties de celles de leurs maisons [1].

I.

Au commencement du XVIe siècle, les Arrel de Kermarquer soutinrent plusieurs procès contre les du Parc et les Acigné de la Rochejagu. Les du Parc prétendaient alors avoir les mêmes armoiries que celles des Arrel, *écartelées d'argent et d'azur;* mais que ces derniers devaient briser d'une petite croix de *gueules sur l'argent.* Il s'agissait de droits de prééminence sur une chapelle de la cathédrale de Tréguier. Comme les du Parc portaient des armoiries *toutes différentes*, il est évident qu'ils voulaient se substituer aux droits d'une famille représentée alors par eux.

Il y eut donc une enquête, dans laquelle de nombreux témoins affirmèrent que la chapelle en litige appartenait aux Arrel; ils s'accordèrent aussi à reconnaître qu'au bas de la vitre étaient représentés Jean Arrel, ses deux fils et Jeanne de Plœuc, sa femme; quant à la petite croix de gueules, qui n'était peut-être qu'une brisure, quelques témoins en firent connaître l'origine vraie ou légendaire. Ils dirent qu'un Arrel était allé, à la suite du comte d'Albret, combattre les infidèles, et que ce baron lui avait permis d'ajouter à ses armes une *croix de gueules* pour « l'exaltation des victoires qu'ils avaient eues ensembles. » Ce gentilhomme aurait porté le nom de *Olivier le Valeureux*, et, au château de Kermarquer, on conservait en 1504, deux coupes d'argent qui lui avaient appartenu, et sur lesquelles étaient gravées les armes de la famille avec la petite croix dans un canton.

Les seigneurs de Kermarquer, du reste, avaient aussi leurs armoiries sur les vitraux, aux Cordeliers de Tréguier, aux églises de Saint-Laurent en Plouguiel, de Trédazec, de Sainte-Marguerite en la même paroisse, de Pleumeur-Gauthier, de Saint-Nicolas, de Brélidy, de Cortascoan et des Jacobins de Guingamp.

A la suite de cette querelle, on fit intervenir le premier héraut

[1] Papiers conservés dans le cabinet de M. L. Courajod.

d'armes de la reine Anne, qui fut accepté comme arbitre. Devant lui et quelques chevaliers, les du Parc se désistèrent de leurs prétentions, reconnurent que c'était sans droit qu'ils avaient fait briser les vitres au blason des Arrel, croyant à tort qu'il devait y avoir des écus portant *d'azur et d'argent à un lion de l'un en l'autre.*

Peu après, François Arrel, seigneur de Kermarquer, avait un nouveau procès au sujet d'armoiries qu'il avait fait placer dans la verrière du réfectoire de l'abbaye de Beauport ; cette partie du monastère n'étant pas consacrée au culte, il semble qu'il ne dut pas y avoir là véritablement de prééminence. Averti de cette innovation. Jean d'Acigné, sire de la Rochejagu, comme seigneur de Botloy-Lézardrieux, fit valoir ses droits de premier fondateur, intenta un procès, dans lequel il obtint gain de cause, et fit enlever les armes des Arrel par un peintre de Lannion pour y substituer les siennes.

Une enquête du 4 octobre 1639, nous donne l'inventaire des armoiries qui existaient alors dans l'église paroissiale d'Hénansal (canton de Matignon, arrondissement de Dinan, Côtes du-Nord). Cette enquête fut faite par F. Grignart, lieutenant au Présidial de Rennes, à la requête de Catherine Huby, dame douairière de Galinée, pour arrêter les innovations faites depuis vingt-cinq ans par les gentilshommes de la paroisse [1]. Il est à remarquer que, parmi ces nombreux blasons, il y en a fort peu qui appartiennent aux familles possessionnées en Hénansal, de 1423 à 1535 :

« Nous avons veu dans le chanceau au haut de la grande et maistresse vitre d'icelle, deux escussons : le premier *party, la première moityé de gueulle à une face en fusée de Bretaigne, accompagnée de quattre bezans de mesme, deux en chef et deux en poincte;* l'autre *de gueulle, semé de fleurs de lys d'or* [2].

« Le second écusson : un *escartelé d'or et d'azur* [3].

« Et au desou, deux autres escussons semblables à l'autre, qui sont des *escartelé, au premier et dernier cartier de gueulle aux lions leopardez d'argent* [4] *et les deux et troisiesme cartiers d'azur à trois quintes-feilles d'or, et un chevron brizé d'argent, portant en pointe un croissant montant de mesme.*

[1] Bibl. nat., fonds français, n° 22,344, fol. 165.
[2] Parti de Dinan et de Châteaubriant.
[3] Tournemine.
[4] Bréhan.

« Plus trois autres escussons au-dessous : le premier *de gueulle à unze bezans d'or, quatre en chef, troys en face, et quatre en pointe.*

« Le second *party en alliance, de gueulle ausdicts unze bezans d'or, la seconde moitié d'argent, à une hache de gueulle, semée dermynes de sable.*

« Le troisiesme du costé de l'épistre, *party : la première moitye de gueulle ausdicts unze bezans d'or*, l'autre *moityé party, au premier cartier d'or, à trois marmittes de gueulle, le second de Bretaigne au chef de gueulle, le tout en banyère.* Et n'aparoist aucun autre escusson dans laditte grande vittre.

« Et dans la vittre qu'est audesur d'un autel, au costé de l'Evangile, avons semblablemant veu troys escussons, le premier *d'azur à un lion rempant d'argent, couronné d'or,*

« Le second *party de l'escusson précédant et d'argent au chef endanté de gueulle.*

« Et le troisieme, *écartelé, le premier cartier d'asur, au lion rempant d'argent couronné d'or, le second cartier d'argent au chef endanté à troys quintes feilles de gueulle, le troysiesme cartier d'argent au chef d'asur.*

« En la vittre de la muraille et costalle de laditte esglisse du costé de l'épistre, troys escussons : le premier, *de sable à dix mollettes d'esperons d'or, quattre en chef, deux en face, et quattre en pointe* [1].

« Le second *escartelé, au premier et dernier cartier du précédant écusson, au second et troiziesme d'argent, à troys merlettes de gueulle et une barre ondée de gueulle.*

« Le troiziesme aussi *escartelé, au premier et dernier cartier, d'asur ausdites mollettes desperons comme dessus, le second et troyziesme cartier de gueulle à dix billettes d'or, quatre en chef, deux en face, et quattre en pointe.*

« Le premier et dernier desdits troys escussons en banyère : Les troys acolés du collier de Sainct-Michel.

« Plus avons veu audict chanseau, au droict et proche le millieu du maistre autel d'icelluy un banc à queue, quy paroist ancien, au devant duquel il y a un escusson *en banyère chargé d'unze bezans, quattre en chef, troys en face, et quattre en poincte.*

« Une tombe sous ledict escabeau, *chargée de troys espées*, et un escusson qu'est sy usé qu'on n'en peult remarquer les armes.

[1] Saint Guetas.

« Soubz l'arcade du costé de l'Évangile, aultre banc à queue chargé d'un escusson *à troys couronnes, à une face ;* une tombe audesou chargée d'un écusson pareil.

« Plus aultre banc à queue à costé du précédant, audelà de l'arcade, fort vieil, non armoyé, audesou d'icelluy, deux tombes armoyées d'un escusson où il paraist y avoir *un lion.*

« Audesou de la vittre, du costé de l'Épistre, au dedans du balustre, il y a deux petittes tombes et deux escussons chargés *de mollettes d'esprons* que ledict sieur du Pleisseix [1], nous maintient avoir esté innové depuis l'an mil seix centz saize.

« Et audesou, proche le ballustre, du mesme costé de l'Épistre deux aultres tombes à deux escussons où paroissent *des lions.*

« Plus bas, au mesme costé, deux autres tombes chargées d'escussons pareils aux précedants, accollez du collier Saint-Michel.

« A costé, proche la muraille, il y a un banc à seix chesres pour servir aux prestres.

« Au dedans du mesme chanceau, au costé de l'autel Sainct-Sébastien, il y a un grand banc neuf à queue, clos des deux costez ou ne paroist aucunes armes, soubz lequel il y a une tombe et un escusson *chargé de troys testes de loup arachées.*

« Et vys à vys ledict autel, soubz l'arcade, il y a aultre banc à queue, chargés de deux escussons, l'un *à troys testes de loups arachées*, et l'autre à *troys molettes.*

« Aultre banc à costé et hors l'arcade chargé de deux pareils écussons.

« Et un peu audessus, dans la mesme allé du costé de l'Evangille aultre banc a queue, près la muraille, non armoyé. A costé et proche une tombe chargée d'un escusson, *party en alliance ; au premier party, troys quintes feilles et un chef ; au second une face de huict pièces.*

« Au banc dudict chanseau soubs le letring, aultre banc à queue sans armes.

« Et hors ledict chanseau dans la nef de ladicte esglisse, à vys et proche la chesre du prédicateur, il y a un banc à queue sans armes, soubz lequel il y a une tombe chargée d'un escusson *à troys quintes feilles et un chef.*

« Au costé et près dudict escabeau, il y a une autre tombe *chargée d'un escusson de trois merlettes et troys rozes en chef et deux en pointe.*

[1] Jean de Bréhan, seigneur du Plessis-Galinée.

« A vis l'autel Sainct-Nycollas un banc à queue non armoyé.

« Du costé de l'Épistre, à vys l'autel Nostre-Dame, un grand banc clos et une arcade en forme de charnier, où ne paroist aucun escusson, fors dans la viltre à costé, où il y a quattre escussons, deux au hault et deux au bas.

« Le premier desdicts escussons, *de gueulle à quattre fussée de Bretaigne mise en face, et seix beczans, troys en chef et troys en poincte, aussi de Bretaigne.*

« Le second, *escartelé d'or et d'asur.*

« Le troiziesme audesou, *de sable en banière, à dix mollettes d'esprons d'or*, comme desur.

« Le quatriesme aussi en banyère, *escartelé au premier et au dernier de sable, ausdittes molettes d'esprons d'or* cy desur. Le second et troiziesme, *d'argent à troys feilles de chesne de gueulle.*

« Au costé dudict escabeau, au milieu de l'esglisse, une tombe sans armes.

« Et au desou dudict grand escabeau, un aultre banc à queue fort vieil et sans armes. Troys tombes, deux desou ledict banc, et une à costé, proche la muraille, où ne paroist aucunes armes, fors sur celle proche laditte muraille, où on void une croix en roze.

« A vys lautel Saincte-Margueritte, un grand banc à queue fermé au costé ; au desou deux tombes où ne paroissent aucunes armes ; et c'est proche la muraille du costé de l'Évangille et un peu a costé et au desou, une tombe où ne ce remarque pareillement d'armes.

« Au dessus dudict autel Saincte Margueritte, se void des restes de cinq ou six escussons en peinture, quy ne se peuvent distinguer.

« Et de l'aultre costé de laditte esglisse, à vys l'autel Sainct André, un grand banc à queue sans armes qu'est du costé de l'Épistre.

« Audesur duquel à la viltre en laditte muraille, il y a deux vieilz escussons, le premier qui paroist *freté d'or et de sable* [1].

« Le second *d'or plain.*

« Et estant hors laditte esglise au simetiere d'icelle, avons veu audesou de la porte dans la costalle de l'Épistre, vers le bas d'icelle esglisse, il y a une vieille arcade, et au droict une fenestre grillée proche l'autel dudict Sainct André, soubz laquelle arcade il y a une tombe eslevée, chargée *d'une espée* et d'un escusson *à une teste de serf, accompagnée de cinq mollettes d'espron.*

[1] De la Motte, seigneur de la Motte Rouge,

« Audesur de ladicte porte, aultre arcade vers le simetière, au droict dudict grand escabeau, devant l'autel Notre Dame, soubz laquelle arcade de dehors, il y a une tombe chargée *d'une espée* et un escusson *à dix molettes d'espron.* »

Nous donnerons aussi l'extrait d'un Mémoire présenté au commencement du siècle dernier, au nom du comte Du Breil de Rays, au sujet de ses prééminences dans l'église de Goudelin (canton de Plouagat, arrondissement de Guingamp, Côtes-du-Nord), contre les protestations du sieur Plancher, qui plaidait pour le duc de Penthièvre[1].

« Dit que la dame de Gytonnière a été déboutée par sentence rendue au Présidial de tous ses droits et prétentions aux prééminences de l'église paroissialle de Goudelin, icelle sentence confirmée par arrêt de la Cour de l'an 1634, en exécution d'icelluy, M. le duc de Brissac fit par M. le commissaire faire mettre son banc hors de ladite église sur le cimetière, nonobstant l'opposition du procureur d'office de M. le duc de Vandosme, ainsi la dame de la Gitonnière, n'y ses conséquants n'y ont plus aucun intérêt, et par la même sentence et arrêt. M. le duc de Brissac a esté maintenu dans ses droits en ladite église.

« Quant à ce que M. Plancher dit qu'il y a cette différance qu'en l'instance pendante il [ne] s'agit de décider qui doit estre reconneu pour seigneur fondateur de l'église paroissialle de Goudelin, mais [que dans] le procès qui meut en 1632, il ne s'agissoit proprement que de scavoir si le recteur de la paroisse avoit le droit de se faire inhumer au cœur de ladite église et si les prebtres pouvoient avoir un coffre à mettre leurs ornements.

« A quoy M. le comte de Rays dit qu'il s'agisoit aussi des prééminences et droits prohibitifs, tant de fondation que de supériorité de ladite esglise paroissialle de Goudelin, par l'intervention dudit sieur de Brissac, à cause de sa terre, seigneurie de Coatmen, formée dans l'instance pendente au Présidial de Rennes, entre les sieurs recteurs dudit Goudelin et le sieur de Rosmar, et pour le justifier, il ne faut que la seulle lecture des moyens de ladite intervention.

« Par lesquels il conclut à ce que faisant droit en ses dits moyens, ledit sieur de Rosmar soit condamné de réparer les inovations par luy et ses auteurs faites en ladite église de Goudelin, particulière-

[1] Archives des Côtes-du-Nord.

ment d'un banc à queue du costé de l'Evangille proche le sacraire avec défanse de prendre le nom et qualité de fondateur et premier prééminencier de ladite église et chapelle de Notre-Dame-de-l'Isle, et de s'attribuer privatiff le chanseau de ladite paroisse, et pierre tomballe estante au marchepied du grand autel, et pour lesdites entreprises estre condamné aux amandes portées par la coustume.

« Et respondant encore ledit sieur de Brissac à l'intervention fournie à la leur par le sieur duc de Vendosme, dit ne pas contester qu'il n'est un fieff dépendant de la Rochesuart appellé le *Petit Montafilan*, lequel a cour dans la paroisse de Goudelin, mais il luy dit qu'à raison de ce fieff, il ne peut prétendre ni la mouvance de la maison de Kercadiou, ni les droits de fondation ni supériorité dans ladite église de Goudelin : ce qui fait voir à clair qu'il s'agissoit de prééminances et droits honorifiques, fondation et supériorité de ladite église de Goudelin. Et par le même escrit, ledit sieur de Brissac soutient que l'arrest produit par le sieur duc de Vandosme n'est que du mois de janvier 1652, depuis l'action et le procès intanté entre les sieurs recteurs de Goudelin et ledit sieur de Rosmar, lequel ne peut faire aucun préjudice au tiltre de l'an 1549 produit au procès par ledit sieur duc de Brissac.

« En ce que le sieur duc de Penthieuvre, à cause de sa seigneurie de la Rochesuart prétend estre premier seigneur haut justicier dans la paroisse de Goudelin : — On soustient que la Rochesuart n'avoit aucun fieff en la paroisse de Goudelin, mais bien le *Petit Montafilan*, qui a esté exercé dans la chappelle de Saint-Laurent, audit Goudelin, par un Cherpantier, sieur de Kergongar, sénechal dudit Montafilan.

« Au regard de ce que M. Plancher maintient que toutes les maisons, terres, et héritages, qui sont au bourg de Goudelin, et aux environs de ladite esglise et cimitière relèvent de la Rochesuart en proche et arrière-fieff, ce qui n'est pas sauff correction véritable : — car en premier lieu, l'ancienne maison presbitéralle du recteur blanc dudit Goudelin, sittuée proche le grand pignon de laditte église à l'orrient, est dans le plain fieff de la juridiction de Goudelin, relevant en arrière fieff de Goëlo, de sur laquelle maison il est deue une chefrente à ladite seigneurie de Goudelin.

« La maison de Laindellec ou maitairie de Goudelin, adjaçante à la maison presbitéralle, en laquelle demeurent les Morice, et les terres en dépendanttes estant en pareil plain fieff de Goudelin, suivant les aveus et services faits par les autheurs de ladite dame de la Gitonnière et de Quercadiou. — La maison des enffants de Claude Harscouët et courtils en dépendants, proche ladite maison presbitéralle, estant en pareil audit fieff dudit Goudelin, et proche ladite esglise. — L'auditoire et le patibulaire, situez audit bourg et proche ledit cimitière de ladite esglise, de vers le midy.

« Du costé du nort de ladite esglise et cimitière sont les convenants de Kerillis et des Floch, séparés de ladite esglise et cimitière par le chemin qui conduit de Lanvollon à Guingamp estant dans le plain fieff de Coatmen, et ainsy toutes les maisons et terres situez au bourg de Goudelin ne sont pas dans le fieff de la Rochesuart.

« Quant à ce que M. Plancher dit que les matières concernant la police audit bourg dudit Goudelin et affaires de ladite esglise ont estés traictées par la juridiction de Goudelin la Rochesuart, cella ne se trouvera pas que pour les affaires des domiciliaires des maisons qui sont dans un endroit dudit bourg et non pas en ce qui relleve des fieffs dudit Coatmen et Goudelin. — Et M. le comte de Rays a droit de faire par ses officiers de ladite juridiction de Goudelin rompre les quintaines de tout temps imémorial dans ledit bourg, au devant de l'entrée principalle du cimitière de ladite esglise, et de condamner les deffaillants à une livre de cire d'amende au proffit de ladite esglise, et aussi dans ledit bourg, et ce, le jour du Sacre après les vespres dites en ladite esglise; et a aussi dans ledit bourg le droit de soulle à chaque jour de M. saint Estienne, le lendemain de Noël; et qu'on est obligé de luy rendre la nuict de Noël un cocq blanc rendu dans ladite esglise, posé sur les ballustres, entre le cœur et sa chapelle estant du costé de l'espitre.

« Quant aux armes du seigneur de Painthieuvre, prétendus estre dans le lieu le plus esminant de la principalle vitre de ladite esglise de Goudelin; — l'on soutient que ce sont les armes du duc de Bretagne comme souverain, qui sont d'*hermines en plain*, au lieu que celles du duc de Penthieuvre sont d'*hermines à la bordure de gueulle formant l'escu*.

« Celles de Montafillan par où la Rochesuart a fieff et juridiction d'une partie de ladite paroisse de Goudelin, sont *de gueulle à quatre fussées d'hermine placées en face, accompaignées de six bessons ou tourteaux de mesme, trois en cheff et trois en pointe*.

« Celles de Chateaubriant sont de *gueulle aux fleurs de lys sans nombre*.

« Les armes de Rochesuart sont de *gueulle à trois faces nebullées*, que d'autres disent *entées d'argent*, *celles du cheff brisées d'une billette de sable* : lesquelles armes ne sont en aucune façon dans la grande vitre de ladite esglise dudit Goudelin[1].

« Pour cest effect l'on prie M. Plancher d'examiner le plan que M. le comte de Rays luy a mis en main, lequel fut produit à la Cour lors de l'arrest de l'an 1634, et il voira qu'il n'y avoit pas d'autres escussons que ceux qui sont aprésent. — Sçavoir celles du duc de Bretagne comme on dit estantes au millieu, qui sont d'*hermine en plain* : aux deux costés d'icelles sont celles de Coatmen encien et nouveau, sçavoir de *gueulle à sept annelets d'argent* 3, 3 *et* 1, qui est l'ancien sceau de Coatmen et de Tonquedec ; l'autre de *gueulle à neuf annelets ou besons d'argent placés en face*, 3, 3 *et* 3, qui est le nouveau. — Ensuite et au dessous sont les armes de Portz-Trevennou ou Porte-de-Goudelin, qui est d'*argent au lyon passant armé et lampassé* ; et après sont les armes de La Grandville d'*argent à* 5 *fussés de gueulle placées en bande* ; et le troisième escusson est l'aliance de la maison de Porte-Goudelin.

« Quant aux fleurs de lys qui sont dans ladite vitre dudit Goudelin ne sert que pour l'ornement, estant dans les coings de ladite vitre, et au dessus des armes dudit duc de Bretagne et autres endroits de ladite vitre de fleurs de lys d'assur, tantost deux, trois, quatre, suivant que le terrain le permet sans former aucun escusson, mais seullement pour servir d'ornement : aussy M. le duc de Vandosme intervenant au procès au Parlement en ladite année 1634, ne dit rien sur ledit plan produit au procès le reconnaissant uéritable, et ne dit rien de tout ce que l'on veut suposer le jour d'aujourd'huy.

« De plus, M. le comte de Rays fera voir que ses autheurs sont seigneurs de Goudelin depuis plus de 500 ans et que en l'an 1232 il s'appeloit sires de Goudelin en surnom, ainsy qu'il est porté par l'acte de donnaison fait par Mre Guillaume de Goudelin fils Hamon, seigneur de Goudelin en l'an 1232 des dixmes de la parroisse de Goudelin à l'abbaye de Sainte-Marie de Beauport, depuis lequel temps les ditz de Goudelin ont possédé la terre et seigneurie de Goudelin jusques à la mort de messire Guillaume de Goudelin, aussy seigneur dudit lieu, arrivée environ l'an 1422, lequel mourut sans

[1] Ici l'auteur du mémoire, étranger au pays, commet une erreur en confondant La Roche-Suhard avec Rochechouart.

hoirs de corps, et sa succession fut recueillie par messire Eon de Querimel qui hérita de tous ses biens de la ligne paternelle, et Janne de Quermoisan, femme de messire Jan de Trogoff hérita des biens dudit Guillaume de Goudelin en la ligne maternelle du costé de dame Catherine Poullart, depuis lequel temps ladite terre et seigneurie de Goudelin ou Porte-Trevenou a esté tousjours jouys et possédé par les seigneurs de Querimel jusques à l'an 1522.

« Que messire Claude de Boiséon espousa demoiselle de Querimel, fille aisnée de N. et P. sire Jehan de Querimel, chevallier seigneur dudit Goudelin et de Coatnizan, et de demoiselle Marie de Kerouzeré. — La succession duquel fut recueillie par messire Pierre de Boiséon, fils aisné principal et noble desdits Claude de Boiséon et de ladite Querimel. — Lequel Pierre de Boiséon donna en partage à Guillaume de Boiséon son frère, en l'an 1568, la terre et seigneurie dudit Goudelin ou Porte-Trevennou, avecq tous droits honnorifficques, prééminances, privilleges, fieffs et juridictions en dépandans, lequel Guillaume de Boiséon espousa dame Anne de La Rocq, la succession duquel fut recueilly par autre Pierre de Boiséon, son fils aisné, lors aagé d'environ cinq ans.

« Ledit Pierre de Boiséon espousa auxy dame Margueritte Guegan, et eurent de leur mariage dame Claude de Boiséon, leur fille unicque, laquelle espousa messire Guy du Breil, seigneur de Rays, auxquels succéda messire Jean du Breil, seigneur de Rays, père de M. le comte de Rays d'aprésant.

« En conséquence de tout ce que desur et de l'acte de transaction fait et passé par l'avis du duc de Bretagne entre le sieur de Coatmen, d'une part, et Jehan de Querimel, chevalier seigneur de Goudelin et de Coatnizan [1], lequel M. le comte de Rays représante aujourd'huy, au sujet des prééminances de ladite esglise de Goudelin, par lequel acte icelluy de Kerimel est reconnu vray fondateur de ladite esglise, et que sa lizière estoit en ce temps là, tant dedans que dehors et dans la chapelle dudit Kerimel, et en l'année 1572, elle paroissoit encorre, et que les armes des seigneurs de Goudelin

[1] Le 22 octobre 1463, le vicomte de Coëtmen avait fait un accord avec Jean de Querimel seigneur de Coëtnisan, par lequel il échangeait le titre de seigneur de Goudelin, contre le droit de chasse que le seigneur de Coëtnisan avait dans la paroisse de Tonquedec. — Sous le marchepied du maître autel, en 1717, on voyait une pierre tomballe de 6 pieds 2 pouces de long, 2 pieds 1/2 de large, représentant « une femme avec un cinturon soutenant une épée à l'antique : le bruit commun « était que cette dame était Catherine de Goudelin, dame de ladite paroisse. »

estoient en bosse dans le portail de ladite esglise, ce qui sera prouvé par bons actes qui sont des marques incontestables de vray fondateur avec la possession.

« Aussy M. Plancher demeure d'accord que ledit Jan de Querimel avoit prééminance en ladite esglise, on voit doncque que se sont celles de M. le comte de Rays, en représentation dudit Jan de Kerymel, et pour preuve constante que ledit acte de transaction a eu son entière exécution, il a esté produit par le sieur duc de Brissac et de Coatmen, au Présidial de Rennes, dans le procès entre les sieurs recteurs de Goudelin et de Rosmar, en l'an 1632, et inséré dans le veu de la sentence rendue au proffit dudit sieur de Brissac contre ledit sieur de Rosmar ; et il esté ausi produit à la Cour dans l'appel interjecté de la part dudit sieur de Rosmar de ladite sentence où estoit ausy intervenu ledit sieur de Vandosme. Et par l'arrest qui a esté rendu entre touttes les parties intéressez, M. de Brissac a esté maintenu dans ses droits dans ladite esglise de Goudelin, et ainsy que M. le comte de Rays a esté aussi maintenu, estant subrogé aux droits de M. de Brissac et de Coatmen, en vertu dudit acte de1473.

« De tous lesquels droits ledit sieur duc de Brissac, à cause de sa terre et seigneurie de Coatmen, a esté maintenu par sentence du 22 janvier 1683, rendue sur l'aveu que M. le duc de Villeroy, aprésent seigneur de Coatmen, présenta aux commissaires députtés pour la refformation des domaines de Sa Majesté à Saint-Brieuc, conformément aux aveus et minutes des années de 1471, 1497, 1521, 1539, lesquels avoient esté produits lors de l'arrest de la Cour.

« De plus M. le comte de Rays a son banc prohibitiff dans le sacraire de ladite esglise de Goudelin sous le marchepied du grand authel sur lequel est gravé une figure de femme armoyée des armes des seigneurs de Goudelin, sous laquelle tombe est la sépulture ordinaire des seigneurs de Goudelin ou de Porte-Goudelin. »

Nous avons signalé aujourd'hui des documents constatant l'existence de blasons qui ont été détruits. Dans notre prochain article nous en ferons connaître qui existent encore en place.

Notre travail sera accompagné de planches dessinées par notre confrère, M. Paul Chardin, de la Société des antiquaires de France.

II.

Nous disions dans notre précédent article que les armoiries représentées sur les monuments étaient souvent de véritables dates; que leur étude pouvait être d'une grande utilité aux archéologues [1]. Nous allons en donner une preuve évidente. Le blason seul, en effet, à défaut de textes, nous permettra de jeter quelque jour sur les origines d'une charmante chapelle du quinzième siècle.

Il s'agit de Notre-Dame de La Cour, située dans la commune de Lantic (Côtes-du-Nord); d'après la nouvelle édition du Dictionnaire d'Ogée, elle aurait succédé à une autre chapelle, plus ancienne, qui s'élevait à trois kilomètres plus loin, au lieu dit *La Vieille-Cour*, dans un bois voisin de Buhen. Aucun document d'archives ne nous révèle la date de la construction de Notre-Dame de La Cour telle qu'elle est aujourd'hui; mais de nombreux blasons peints sur la maîtresse vitre nous apprennent que cette magnifique page de verre, consacrée à l'histoire de la sainte Vierge fut exécutée au milieu du quinzième siècle. Examinons les écussons qui sont placés dans un ordre hiérarchique et dont nous donnons le dessin, grâce à l'obligeant concours que nous prête M. P. Chardin, notre ami et confrère [2].

Au premier rang, et seul au haut du vitrail, on voit l'écu ducal de Bretagne, avec la devise A MA VIE qui était celle du duc François Ier donnée à l'ordre de l'Hermine, fondé par lui en 1450 (n° 1).

Au second rang deux écus partis : Le premier *parti d'hermine et d'hermine* qui est le blason de François de Bretagne et de Marguerite de Bretagne (n° 2); le second *parti d'hermine* et *écartelé, palé d'or et de gueules de six pièces* qui est AMBOISE, et *d'or semé de fleurs de lis d'azur au franc canton de gueules* qui est THOUARS (n° 3). Ce sont les armes de Pierre de Bretagne,

[1] *Revue historique nobiliaire*, 1875, p. 291.

[2] Les vitraux de N.-D. de la Cour ont été décrits par M. Geslin de Bourgogne, dans le volume des *Mémoires du Congrès scientifique de France*, tenu à Rennes en 1849, t. II, p. 94. L'auteur de ce travail indique une date qui diffère de celle que je propose.

fils du duc Jean V et frère de François Ier, qui épousa Françoise d'Amboise Thouars. — Remarquons que François et Pierre furent tous deux ducs de Bretagne mais qu'ici leurs blasons ne paraissent pas à ce titre; en examinant avec soin les dates qui nous sont connues, nous arriverons à un résultat assez précis.

François, comte d'Etampes, fils de Richard et de Marguerite d'Orléans, épousa Marguerite, fille du duc François Ier en 1455, il devint duc après Arthur III, en 1458; puisque dans la vitre que nous étudions il ne figure pas comme duc de Bretagne, ses armoiries ne peuvent y avoir été peintes qu'entre 1455 et 1458.

Pierre de Bretagne, deuxième fils de Jean V, épousa Françoise d'Amboise, en 1431; il devint duc en 1450 après la mort de François Ier, son frère; mais comme ici, le rang de ses armes indique qu'elles n'y représentent pas le blason du souverain, nous devons en conclure que nous avons celui de *sa veuve* Françoise d'Amboise [1]; Pierre mourut en 1457, par conséquent la date que nous cherchons vient se placer entre le 22 septembre 1457 et le 8 décembre 1458, pendant le règne d'Arthur III qui succéda à ses neveux et à qui appartient l'écusson placé à la place la plus élevée du vitrail comme duc de Bretagne et comme seigneur du Goëllo [2]. La paroisse de Lantic faisait en effet partie du Goëllo.

Au troisième rang deux écussons portent : l'un les armes des Rosmadec Gouarlot (n° 4) qui furent seigneurs de Lantic, mais beaucoup plus tard; l'autre celles des Geslin et des La Lande de Calan (n° 5). Ces écussons, de fabrique plus moderne que le reste du vitrail, ont été placés là postérieurement; ils ont remplacé des armoiries que, plus loin, nous essaierons de deviner.

Au quatrième rang on voit deux écus; l'un *écartelé d'argent à trois fasces de sable* qui est KERIMEL COËTFREC, et *d'argent à la fasce de gueules* qui est PENHOËT (n° 6); l'autre écu parti des

[1] Il ne faut pas oublier que Châtelaudren, Châteaulin-sur-Trieu et la Rochederrien étaient au nombre des terres sur lesquelles fut assis le douaire de la duchesse Françoise.

[2] Le Goëllo, depuis 1420, resta annexé au domaine ducal; il appartint au connétable Arthur de Richemond, et fut de nouveau incorporé au duché lors de l'avénement de ce prince, pour n'en être distrait qu'en 1480 en faveur de François, légitimé de Bretagne, comte de Vertus. Nous verrons dans la suite de ce travail que Lantic, qui faisait partie du domaine direct de Goëllo, en fut distrait seulement en 1530 en faveur du seigneur de Pordic.

armes précédentes est *de gueules à neuf annelets d'or posés trois, trois et trois,* qui est Coëtmen (n° 7). Ce sont les armoiries de Guillaume de Penhoët, seigneur de Kerimel et de Coëtfrec et de sa femme Béatrix de Coëtmen, fille de Rolland III, vicomte de Coëtmen et de Jehanne Gaudin.

Au cinquième rang sont les armes des évêques de Saint-Brieuc et de Tréguier, des abbés de Bégar et de Beauport, savoir : *d'azur à la fasce d'or accompagnée de trois molettes de même, 2 et 1,* qui est Prigent ou Prégent (n° 10); Jean Prigent, chancelier de Bretagne, évêque de Léon en 1436, fut transféré à Saint-Brieuc en 1450 et inhumé dans sa cathédrale en 1472. Ces armes sont également peintes dans la chapelle de droite et sculptées au pignon extérieur (n° 22). — *D'argent au sautoir de gueules accompagné en flancs et en pointe de trois quintefeuilles, et en chef d'un annelet de même qui est Coëtquis* (n° 9); Jean de Coëtquis, d'abord évêque de Rennes, fut transféré à Tréguier en 1453; il mourut en 1464 et fut également enterré dans sa cathédrale. — *D'azur au cerf d'or* qui est Kerleau (n° 8); Vincent de Kerleau fut abbé de Bégar de 1443 à 1467, puis de Prières en 1467, chancelier de Bretagne puis enfin évêque de Léon de 1472 à 1476. — *D'argent à deux bandes engrêlées de gueules et chargées de coquilles d'argent* qui est Huet (n° 11); Pierre Huet fut abbé de Beauport de 1450 environ à 1472; ce fut lui qui, le premier, obtint le privilége de porter la mitre et la crosse et de donner la bénédiction pontificale dans toutes les églises relevant de l'abbaye.

Dans les rangs inférieurs plusieurs écussons manquent; parmi ceux qui sont conservés nous notons ceux-ci : *d'argent à l'arbre arraché de simple, le fût chargé d'un greslier de sable lié de gueules* (n° 12). Jusqu'ici on a attribué ce blason à la famille Rougeart, de la paroisse de Plouhinec (Finistère), sans que rien ne justifiât la présence en Goëllo des armoiries d'une famille qui n'y était pas possessionnée; d'autres personnes ont voulu y retrouver les Le Roux, seigneurs de Bourgogne et Fontaine-Bouché dans les paroisses de Lantic et de Plourhan, qui portaient *d'argent au houx de sinople feuillé de trois pièces* (n° 15); dans cette hypothèse il faudrait admettre que le greslier figure ici comme brisure, et que les armes primitives des Le Roux ont subi quelque modification. Je crois que le blason en question est celui de l'archidiacre de Goëllo dans la circonscription duquel se trouvait Lantic et qui ne pouvait manquer d'accompagner l'évêque de Saint-Brieuc. A la date où nous sommes, l'archidiaconé de Goëllo était tenu par Salomon MAHAULT, seigneur de Kerangouarc'h qui avait justement les armoiries ci-dessus décrites [1].

Nous voyons encore *de gueules à la croix d'or, vidée, cléchée et pommetée de même* qui est BOTHEREL (n° 14); cette famille avait les fiefs de Perran, de Beauvoir et de la Fontaine-Saint-Père dans la paroisse de Plourhan. — *D'or à six molettes de sable, trois, deux et un* qui est GESLIN (n° 16). Les Geslin avaient plusieurs fiefs dans la paroisse de Lantic; vers l'époque où fut exécutée la verrière de Notre-Dame de La Cour, Guillaume Geslin avait pour femme Marguerite Botherel [2].

Aucun des blasons que nous venons d'examiner ne contredit la date de 1457-1458 que nous proposons. Il nous reste à chercher quelles étaient les armoiries qui, dans le principe, devaient figurer au troisième rang. Après le duc et la famille ducale; avant les Coëtmen qui tenaient une place très-considérable dans cette partie du Goëllo à cause de la châtellenie de Landegonnet en Plourhan; avant le clergé qui avait pris part à cette fondation, quel était le seigneur qui, en 1457, pouvait tenir cette place? — Je ne vois que le sire de Pordic et le sire de La Roche-Suhart.

Pordic, l'une des juveigneuries de Goëllo, passa par alliance, à la fin du XIIIe siècle, d'une branche cadette de la maison d'Avaugour aux La Jaille; cette famille était représentée, en 1408, par Marguerite, fille de Yvon VII qui épousa Hardouin de La Porte, baron de Vézins, en Anjou. De cette union naquirent

[1] *Anciens évêchés de Bretagne*; diocèse de Saint-Brieuc, t. I, p. 182.

[2] Un écusson peint aux armes des Geslin se voit encore dans la vitre de l'église de Tréguidel. En 1645, le 1er mai, Jean du Boisgélin, conseiller au Parlement de Rennes, alors seigneur de Buhen, transigeait avec Jean Geslin, seigneur de l'Estoile, fils de François, seigneur de Trémargat. Ce dernier ayant été enseveli dans la chapelle Saint-Sébastien de Notre-Dame de La Cour, le seigneur de Buhen l'avait fait exhumer, et avait ordonné d'enlever quatre écus aux armes de Geslin avec alliances qui étaient dans la grande vitre. A la suite de la transaction il fut reconnu que les Geslin avaient le droit d'enfeu dans la chapelle Saint-Sébastien; en outre qu'ils pouvaient y placer leurs armes ainsi que dans la grande vitre, mais au-dessous de celles de la maison de Buhen.

deux fils Jean et François et une fille Marie, épouse de François d'Aubigné. Jean de La Porte, seigneur de Pordic, laissa une fille unique de sa femme, Marie de Rieux, fille de Jean, seigneur de Rieux et Rochefort, maréchal de France, et de Jeanne de Rochefort; cette fille, nommée Béatrix, fut la première femme de Gilles Tournemine, seigneur de La Hunaudaye.

Dans le sommaire des actes du Parlement de Bretagne de 1451, nous voyons à deux reprises le seigneur et la dame de La Hunaudaye plaider contre *messire Hardi de La Porte* [1]; il est probable que ce procès avait pris naissance au sujet de l'héritage du père de Béatrix. Gilles Tournemine conserva Pordic jusqu'à sa mort, en 1475; ce fut en 1477 seulement que François de La Porte, oncle de sa femme, présenta le minu de la terre de Pordic [2] tombée en rachat au profit du duc de Bretagne. — En 1457-1458 les armes des seigneur et dame de Pordic étaient donc : *écartelé d'or et d'azur* qui est TOURNEMINE, et *de gueules au croissant d'hermine*, qui est LA PORTE.

La Roche-Suhart était également une juveigneurie de Goëllo, s'étendant, sous le nom de comté de Plourhan, de Montafillant de Goëllo et de Chasteaubriand de Goëllo, sur un grand nombre de paroisses de ce grand fief; depuis le XIIIe siècle il était, par suite d'alliance, dans la maison de Dinan. Bertrand de Dinan seigneur de la Roche-Suhart mourut le 20 mai 1444; n'ayant pas laissé de postérité, ses biens revenaient à sa nièce Françoise de Dinan, fille de son frère Jacques, grand bouteiller de France, décédé lui-même quelques semaines auparavant, le 30 avril. Tous deux étaient issus de Charles de Dinan et de Jeanne de Beaumanoir. — Françoise était fille de Bertrand et de Catherine de Rohan [3] qui épousa plus tard Jean d'Albret vicomte de Tartas, fils de Charles, comte de Dreux et d'Anne d'Armagnac. La Roche-Suhart étant restée à titre de douaire à Catherine de Rohan, ses

[1] Dom Morice, t. II, col. 1577 et 1580.

[2] Lantic ne fut réuni à Pordic qu'en août 1580. A cette date le baron d'Avaugour, « tant pour la considération de ce que Jehan Le Porc de la Porte, seigneur et baron de Vézins, de Pordic et de La Jaille est venu et descendu de la maison d'Avaugour et pour autres causes à ce mouvant, baille en fief conventionnel audit Vezins les droits de seigneurie et autres à lui appartenant ès terre et paroisse de Lanitic et des bois et forêts de Buhen et de Lanvollon. » (*Ann. des Côtes-du-Nord* de 1866, article de M. S. Ropartz.)

[3] Elle était fille de Alain IX, vicomte de Rohan, et de Marguerite de Bretagne.

armes placées dans la verrière auraient été *de gueules à quatre fusées d'hermines en fasce accompagnées de six tourteaux de même, qui est* DINAN, et parti de Dinan et *de gueules à neuf mâcles d'or, trois, trois et trois* qui est ROHAN.

Je suis porté à penser que c'est plutôt la Roche-Suhart que Pordic qui figurait dans la verrière de Notre-Dame de la Cour, à cause de l'importance féodale du premier de ces fiefs.

Ces deux écus, comme nous l'avons dit, ont été remplacés par deux autres blasons : l'un, *d'or à trois jumelles de gueules* qui est ROSMADEC GOUARLOT (n° 4) ; l'autre présente sous une couronne de marquis, deux écus accolés, l'un de GESLIN, l'autre *d'azur au léopard d'argent, armé et couronné d'or, accompagné de sept macles d'argent,* qui est LA LANDE DE CALAN (n° 5). Les armes de Rosmadec furent substituées à celles de La Roche-Suhart, lorsque cette famille, au commencement du XVIIe siècle, eut à son tour la seigneurie de Lantic. Les armes de Geslin furent placées dans la verrière de Notre-Dame de La Cour dans le commencement du XIXe siècle.

Dans la paroisse de Plourhan, sous la seigneurie de La Roche-Suhart, existait un lieu noble appelé Buhen ; c'était un fief singulièrement déchu et diminué ; la tradition voulait que Buhen ait été un partage de la maison d'Avaugour, et je ne serais pas éloigné de croire que les premiers seigneurs de Goëllo y aient eu un château. En effet, une charte donnée, en 1211, par Alain, fils du comte, en faveur de l'abbaye de Boquen, est ainsi datée : *datum publice apud nemus de Buhen* [1]. A la fin du XIIIe siècle, Henri, seigneur de Goëllo et de Mayenne, donnant sa fille Jeanne en mariage à Geoffroi II, de Dinan, seigneur de Montafillant, lui constitua sa dot sur les paroisses de Plourhan et d'Etables qui furent plus tard désignées sous le nom de *comté de Plourhan*. C'est ainsi, très-probablement, que Buhen fut considéré longtemps après comme *partage d'Avaugour*. Buhen, vers 1427, est indiqué dans les Réformations comme appartenant à Jacques du Fou, en 1441 à Marie de Rufflay ; en 1513 nous y trouvons établi Christophe de Rosmadec Gouarlot ; il était d'une famille originaire de Cornouaille qu'il ne faut pas confondre avec les Rosmadec Molac. De 1513 à la fin du XVIe siècle on vit se succéder

[1] *Anc. évêchés de Bretagne*, t. III, p. 231.

à Buhen : Jean de Rosmadec, Yvon, son frère qui avait aussi la seigneurie de la Villetanno, Jean de Rosmadec et Jeanne Maillart, sa femme, Etienne, sénéchal de Ploërmel, conseiller aux Grands-Jours puis au Parlement sédentaire de Bretagne en 1554, mort en 1567 : de Jeanne du Hallay il laissa plusieurs enfants parmi lesquels Guillaume de Rosmadec dont nous parlerons bientôt; Radégonde qui épousa, en 1582, Thibault de Boisgelin, seigneur de Pontrivilly. Citons encore Marguerite de Rosmadec qui, dans un aveu de la terre de Pordic et Lantic de 1551 avait une maison et un demi-journal de terre dans la clôture de la chapelle Notre-Dame de La Cour.

Guillaume de Rosmadec employa la fortune considérable qui lui était advenue à devenir un grand propriétaire; en 1584 il acheta la terre de Lantic à Marthe de La Porte, baronne de Vézins, veuve de Jean Le Porc, baron de Pordic et de Lantic, et devint ainsi fondateur et premier prééminencier de la chapelle dont nous nous occupons; jusque-là le fief de Buhen avait relevé de Lantic [1].

Pendant les guerres de la Ligue, Guillaume de Rosmadec tint le parti des *politiques* tout en faisant le possible pour ne pas être trop pillé par les Ligueurs. La paix faite, nous le retrouvons, en 1607, obtenant d'Henri IV l'érection en châtellenie de ses terres de Buhen [2] et de Lantic, avec suppression de cette

[1] La seigneurie de Lantic, haute justice avec piliers patibulaires à quatre poteaux, s'étendait dans les paroisses de Lantic, Plourhan, Pléguien, Lanvollon, Tréguidel, Plélo et Tressigneau. Outre de nombreuses rentes en froment et en monnaie elle avait la *dîme de Richemond* qu'elle partageait avec le prieur de Lehon et le recteur de Plourhan. Le fief du Valnéant lui devait à chaque Pentecôte une paire de gants blancs, à cause de Pontlo. Dans un aveu de 1580 de Marthe de La Porte, nous lisons : « Et le surplus des terres et domaine de ladite « seigneurie de Lantic s'étend universellement en toute la paroisse de Lantic et « en grande partie dans les paroisses de Plourhan et Tréguidel, y compris les « maisons nobles du Pontlo, de *Buhen,* de Saint-Maudez, de Bourgogne, de la « Ville-Gleyou, lesquelles sont tenues prochement de ladite seigneurie de Lantic « à foi, hommage, obéissance de fief..... Item est du domaine ancien de ladite « seigneurie de Lantic un cours de dixme appelé la *dixme de Buhen* dans la « paroisse de Plourhan et ès environs, joignant d'une part aux bois de Buhen, « d'autre aux ruisseaux de la Motte, » etc. (Archives des Côtes-du-Nord.)

[2] La seigneurie de Buhen s'étendait dans les paroisses de Plourhan, Lantic, Etables, Pordic, Trégomeur, Plouvara, Lanvollon et Plouha ; les fiefs de La Basseçourt, la Ville-Hellou et Tourguigné en relevaient. Outre le château construit par Guillaume de Rosmadec, et ruiné pendant les guerres de la Ligue, la seigneurie de Buhen avait les moulins à eau de l'Étang-Jouan, Rolland, du Pon-

dernière dénomination. A ce moment il est qualifié vicomte de Mesneuf et de Saint-Didier, chambellan du roi et chevalier de l'ordre; il était devenu un grand seigneur terrien, et dans les actes il ajoutait encore les qualifications de seigneur de la Villesollon [1] et de de la Villetanou, et « commis du roi pour le ser-« vice de Sa Majesté au pays armoricq de Gouello. »

Une fenêtre placée du côté de l'épître, à Notre-Dame de La Cour, portent trois écussons qui se rattachent aux Rosmadec; je suis convaincu qu'ils ont été placés là avant que l'acquisition de Lantic ait conféré à cette famille le rang de fondateur. Nous n'avons pu reconstituer la généalogie des ancêtres de Guillaume [2], ni par conséquent déterminer leurs alliances. Je ne puis donc que donner la description héraldique des blasons qui ont été récemment détruits par un incendie.

1. Rosmadec plein, en bannière (27) : nous constatons ici les prétentions des seigneurs de Buhen qui, avant les lettres

thou, de Saint-Gilles et le moulin à vent de Plourhan; elle avait aussi le patronage des religieux ermites du tiers-ordre de Saint-François du couvent de Saint-Fiacre dans la forêt de Buhen; plus celui de la chapelle Saint-Maudez-des-Bois où se tenait une foire annuelle à la Pentecôte. Buhen, primitivement n'avait pas la haute justice, mais seulement « certain particulier et ancien pouvoir de punir « les mallefaiteurs sans toutesfois l'extermination de vye que vulgairement on « appelloit *la grüe* qui estoit un angin de fer en forme de pilory. » — La justice patibulaire de la seigneurie de Lantic, qui devint la justice de Buhen, était au lieu de *Mal-Abri* en vue du chemin de Saint-Brieuc à Guingamp, du chemin de Tréguier et des navigateurs.

[1] La seigneurie de la Villesollon, relevant de Penthièvre, dans la paroisse de Plérin était, suivant les aveux, un partage de la Hunaudaye; elle avait les dîmes de Roselier, des Bouexières, de la Ville-au-Fief; le moulin des Bouexières dit *du Maréchal de Bretagne*; la maison noble de la Ville-Gohel qui avait appartenu au comte de Montgommery. Il était dû à la seigneurie de la Villesollon des redevances en *chapeaux de roses récentes et vermeilles* à Noël, et en paires de gants à la Saint-Jean; son propriétaire avait des prééminences dans l'église de Plérin, et à la collégiale de Saint-Guillaume à Saint-Brieuc, avec vitre et sépulture dans le chœur, du côté de l'Évangile, tombeau avec statue. — N'oublions pas que le recteur de Lantic devait au seigneur de Buhen, sans doute à cause de la seigneurie de Lantic, le jour de Saint-Étienne, une tourte de froment, qui se convertit en une soulle; le seigneur la jetait au peuple à l'issue de la messe paroissiale pour être distribuée aux pauvres.

[2] Les armes de Guillaume de Rosmadec, en bannière, sont sculptées sur son tombeau, avec le collier de Saint-Michel, et une couronne à l'antique (nº 16). L'inscription porte : *Cy gist le corps de défunct messire Guillaume de Rosmadec, chevallier de l'ordre du roy, vicointe de Maineufs, Saint-Didier, chastelain terrien, gouverneur de Vitré, seigneur supérieur et fondateur de ceste église : décédé le V avril MDCVIII.*

d'Henri IV, se gratifiaient déjà de châtelains. — 2. Parti de Rosmadec et *fascé nébulé d'or et d'argent au chef de gueules* qui est peut-être PINARD (n° 19). — 3. Écartelé de Rosmadec et *fascé d'azur et d'argent de six pièces* (n° 21). — 4. *Écartelé au 1er et 4e fascé d'azur et d'argent de six pièces, et de gueules à la croix d'or* (n° 24).

Un autre vitrail a été offert par un personnage assez difficile à déterminer ; il représente un chevalier, jeune, à genoux, portant une cote armoriée *d'or à la croix engreslée d'azur* ; derrière lui son patron, armé, le casque en tête : le tout est encadré par une banderole enroulée portant la devise : PARLEZ POVEZ (n° 7 *bis*). Il semble que l'on doive reconnaître ici un La Feillée ; or, comme dans cette maison plusieurs membres portèrent le nom d'Olivier, il est permis de penser que le patron n'est autre que saint Olivier représenté en costume militaire sur plusieurs monuments ; c'est aussi l'opinion de mon savant ami M. Pol de Courcy[1]. Ne quittons pas la nef sans noter un écu en cartouche, penché et *écartelé de gueules à trois fleurs de lis d'or,* et *d'argent à l'aigle éployée de sable* (n° 25). Les derniers quartiers sont aux armes des HENRY, seigneurs de La Villeguesseau, La Motte et La Grandville en Plourhan. — Deux clefs de voûte sculptées portent l'une *parti de Bretagne* et *d'argent au chef de gueules* qui est AVAUGOUR (n° 27) ; l'autre *parti de France et de Bretagne* (n° 26). Enfin une croix dressée sur le placître qui est devant la chapelle porte les écussons des deux derniers seigneurs de Buhen. Le premier, de *Rosmadec plein* (n° 18) ; le second, *parti de Rosmadec,* et *écartelé au 1er et 4e de gueules à la molette d'argent, au 2e et 3e d'azur plein,* qui est BOISGELIN (n° 20).

En résumé, le blason nous apprend que la chapelle Notre-Dame de La Cour a été édifiée dans les années 1457-1458, sous le duc Arthur III, avec le concours des prélats et des principaux seigneurs du Goëllo ; nous pouvons compléter ainsi en partie l'inscription placée au bas de la grande verrière et qui, jadis, nous avait révélé les noms des artistes verriers auxquels on doit cette œuvre remarquable : ..... *p. Olivier Lecoq et Jehn Le*

[1] Le saint porte sur sa poitrine un écu *d'argent à la croix de gueules* qui fait penser à saint Georges : mais nous ne connaissons aucun La Feillée qui ait porté ce prénom. Un écu à la croix engreslée, avec alliance, est sculpté à Lanvollon sur un chapiteau de la maison dite *hôtel* de Kératry (n° 23).

Levenan vitriers de Lantreguer et fut ladicte vitre faite de l'oblacion et aumones ..... — Attendons qu'un document d'archive nous fasse connaître le fait même qui motiva cette fondation [1].

III.

Passons maintenant à un texte qui nous donne la description d'armoiries aujourd'hui complétement disparues et qui existaient dans les églises de Plourhan et de Saint-Quay.

En 1731 Jean Damar, sénéchal du comté de Goëllo, en vertu d'une ordonnance rendue au siége de Lanvollon le 7 avril, faisait, le 7 mai suivant, une descente de lieux, accompagné de Yves de Moenne, peintre verrier de Saint-Brieuc, et de Yves Rolland, son greffier, à l'effet de reconnaître certaines armoiries. C'était à l'occasion d'une discussion qui s'était élevée entre Michel-Henri Méhérenc, seigneur de Saint-Pierre, et Claude-René Chrestien, seigneur de Tréveneuc. Ce dernier soutenait que les armes de la seigneurie de La Villemario étaient *dix billettes* : M. de Saint-Pierre prétendait que ces billettes étaient *sans nombre.* Le sénéchal se rendit d'abord au bourg de Saint-Quay où il trouva les deux plaideurs. Au fond il s'agissait de savoir à qui la coutume et le droit sur les grains, dit *Havage*, de la chapelle du Rohat en Plourhan. On commença donc par relever les armoiries qui existaient dans l'église de Saint-Quay; ceci à la requête de M. de Saint-Pierre qui présentait un procès-verbal d'armoiries dressé le 3 juillet 1605 à la requête du trésorier de l'église et avec la permission de Mme d'Acigné. M. de Tréveneuc contestait l'utilité de cette opération et demandait que l'on se transportât aussi au château et dans la chapelle de La Villemario. Laissons ici la parole au greffier :

« Nous sommes transportés dans l'église paroissiale de Saint-Quay, et nous a fait observer ledit sieur le Moene et voir que dans la maîtresse vitre de ladite église il y a un écusson fait en

[1] A la fin du XVIe siècle et au commencement du XVIIe, Notre-Dame de La Cour était une collégiale composée d'un doyen et de six chanoines dont un chantre, un diacre et un sacriste.

bannière scittuée au haut de laditte vitre, le fond *de gueule,* sçavoir : est 4, 3, 2 *et* 1 *billéttes d'argent*[1] ; au milieu de la même vittre, un second écusson *my partit de gueule à billettes d'argent,* scavoir : deux entières en chef, ensuite une et demie, puis une entière et demie en pointe au premier (*qui est* Dolo), et au second *de gueules à macles d'or, scavoir* une et demie en chef, une et demie au milieu et une demie en pointe[2]. Troisième écusson de la même vitre, au premier et second *de gueule en cinq billettes d'argents posées en sautoir*[3], au troisième et quatrième aussi *de gueule à cinq macles d'or* aussi posées en sautoir (*qui est* La Rochejagu). Du côté de l'Évangile, nous a fait remarquer et a vu un écusson my partit au premier *de gueule à* 17 *billettes d'argent,* et *de gueule à* 17 *annelets d'argent*[4]. Dernier écusson dans la même vittre aussi my partit sçavoir : est *d'argent, semé d'hermines* et *sur le tout du tout chargé de la fasce de gueule à trois fleurs de lys*[5]. Ensuitte de quoy ledit seigneur de Sainpierre a requis que ledit Le Moenne en nos présences auroit fait son rapport du tombeau élevé étant du côté de l'Évangile dans ladite église ; et y procédant ledit Le Moene auroit fait remarquer en présence des partyes desur ledit tombeau un écusson au premier *d'hermines à la fasce de gueule chargée de trois fleurs de lys d'or* (*qui est* Acigné), au second à 3 *billettes d'argent;* au costé du même tombeau, un autre écusson en losange contenant 14[6] billettes. Nous a pareillement fait observer à vis de la porte d'entrée de ladite église dans la lisière un écusson my partit composé de 10 *billettes non blasonnées.* »

A Notre-Dame de la Ronce, chapelle dépendant de La Villemario : « Ledit Le Moine ayant examiné lesdites armoiries et « écussons en ladite chapelle nous auroit fait remarquer un « écusson au *Sancta Sanctorum* du costé de l'Évangile, placé

[1] Dolo, seigneurs de la Villemario et de Pontlo.

[2] Brehand, sieurs de Boisboissel en Trégomeur. Gourdel et Raoul ont ces armoiries.

[3] Péan de la Rochejagu.

[4] Je crois que les enquêteurs se sont singulièrement trompés sur le nombre des billettes et des annelets.

[5] Acigné, seigneur de la Villemario. François Péan, dame de la Rochejagu, Grandbois, la Villemario, fille de Jean, épousa Guillaume d'Acigné, troisième fils de Jean V.

[6] Il doit y avoir aussi une erreur sur ces deux derniers chiffres.

« au-dessus de l'arcade du mausolé, taillé en pierre y étant *de* « *gueule à* 10 *billettes scavoir est* 4, 3, 2 *et* 1 *d'argent* (*qui est* « Dolo) ; et au lutrain scittué au bas de ladite chapelle les mêmes « écussons que dessus en bois en quattre endroits. »

Quand il s'agit de se transporter à La Villemario, M. de Saint-Pierre proteste et refuse d'y aller ; on continue néanmoins l'enquête :

« Où étant ledit seigneur de Tréveneuc nous a conduit dans « une chambre haute, au-dessus de la grande porte, où il nous « auroit fait remarquer un écusson taillé et picqué en pierre sur « une ancienne cheminée contenant *dix billettes, scavoir* 4, 3, 2 « *et* 1 ; ensuitte de quoy avons entré dans la chapelle du même « château de La Villemario, où ledit Le Moene nous a fait re-« marquer un écusson blazonné et figuré semé *d'hermines à la* « *fasce de gueule chargée de trois fleurs de lys d'or*, accompagné « et accoté de deux écussons à *champ de gueule et de dix billettes* « *d'argent*, 4, 3, 2 *et* 1. — Ensuite, étant dans l'église de Plou-« rhan, en premier lieu nous a ledit Le Moene fait remarquer « trois écussons, scavoir le premier du côté de l'Évangile, *de* « *gueule à* 10 *billettes d'argent*, et le second aussi *de gueule* et « pareil au premier posé en bande ; et le troisième un écusson « en plomb figure ronde chargé de neuf annelets, savoir 3, 3 et « 3 non blasonné (*qui est* Coëtmen) ; aux niches et retable sont « mêmes blason et figure ; même aux piliers et différents en-« droits de l'église pareilles armes. Et dans l'embrasure de la « chapelle du Saint-Rosaire pareilles armoiries blasonnées en « pierre ; et en la chapelle du Saint-Rosaire, en la vitre est un « écusson my partit et écartelé, au premier *de gueules à* 7 *billettes* « *d'argent*, au second *d'or plein*, au troisième et quatrième *de* « *gueules à trois haches d'armes de sable, deux en chef et un en* « *pointe*, et au même écusson *de gueule à* 9 *annelets d'or*, et sur « le tout du tout un écusson my partit non blasonné. »

Quittons un instant MM. de Saint-Pierre et de Tréveneuc pour voir quelles modifications furent faites dans la décoration héraldique de l'église de Plourhan quarante ans plus tard. En mai 1771 le général de la paroisse songeait à faire reconstruire l'église, et les 17 et 18 mai on dressait un état des lieux avant d'entreprendre les travaux. Nous trouvons là une description plus complète. Dans la chapelle du Rosaire nous constatons, entre les écussons notés par le peintre verrier Le Moenne, les armes des PÉAN de La Rochejagu ; des RENAUD, sieur de Beauvoir, Bringolo et la Villenyzan, *de gueules à la croix patée d'or*, des HABEL, *d'argent à trois hures de sanglier de sable*, parti avec *de sinople au lion d'or*. Dans la chapelle Saint-Jacques, on voyait un écu parti *d'argent à dix coquilles de* ... (NICOL ?) et *d'azur au croissant d'or* (LE VICOMTE ?) avec un lion et un cheval marin ailé pour supports ; *d'azur au chevron brisé d'argent, accompagné de trois têtes de bélier d'or ;* le même blason parti avec *de sable à l'aigle éployée d'argent* (HENRY) ; *d'argent à trois bandes d'azur*, parti avec *d'argent à 5 bandes de gueules ; d'argent à trois chevrons de sable* (LE LONG DE KERANROUX ?) ; *d'argent à la bande de gueules accompagnée de deux annelets d'azur*.

Le 9 juin suivant, lorsque les fabriciens s'occupaient des droits de plusieurs particuliers aux chapelles attenantes à l'église qui devaient être démolies, on constatait que la chapelle Sainte-Anne appartenait à M. Courson de la Villehélio ; la chapelle Saint-Jacques à M. Vincent Nicol de la Villeguessio ; la chapelle de la Madeleine revendiquée par M. de Rosneven-Floyd est déclarée ne pas lui appartenir.

Revenons maintenant en l'enquête du sénéchal Damar :

« En la chapelle du Rohat[1], scittuée en la paroisse de Plou-« rhan, au-dessus de la principale porte, ledit Le Moenne nous « a fait observer un écusson *chargé de quatre fasces* et fait en « bannière ; ensuite de quoy avons entré en laditte chapelle où « ledit Le Moene a observé avec nous dans le haut de la maî-« tresse vitre un écusson *d'argent à quatre fasces de gueule ;* « dans les lisières qui sont en quelque manière effacées et biffées « par le blanc qu'on y a appliqué en blanchissant les murailles de « ladite chapelle, nous avons cependant remarqué avec ledit Le

[1] La chapelle du Rohat dépendait du fief de Bobihen qui relevait du Bois de la Salle. — On voit aux archives des Côtes-du-Nord un appointement du 14 septembre 1601 en la juridiction du comté de Plourhan et de la Roche-Suhart, à propos d'un procès pendant entre le procureur fiscal et écuyer François le Chaponnier, sieur de Kerbaven et du Bois-de-la-Salle au sujet de la propriété du fief du Rohat, du droit de juridiction, prééminences en la chapelle Notre-Dame, et du droit de coutume au pardon de ladite chapelle. On refuse à François le Chaponnier le droit d'armoiries et de litre funèbre, parce qu'il n'a pas fait hommage au duc de Penthièvre à Guingamp en 1583.

« Moene, scavoir au premier et principal écusson, *d'azur à dix* « *coquilles d'argent* (*qui est* Maugouer), le second écartelé de plu- « sieurs alliances, et un petit écu en abyme chargé de *dix co-* « *quilles d'argent au champ d'azur* ; et entre ces deux un petit « écusson my partit *d'azur à dix coquilles d'argent*, et *dix billettes* « *d'argent en champ d'azur*. De plus, du côté de l'Évangile, un « écusson de *dix billettes d'argent* sans en connaître le champ, « attendu qu'il était biffé et non émaillé. Et le requérant, le sei- « gneur de Tréveneuc nous a représenté un vieux pupitre, non « attaché et volant, au dos duquel est un écusson en bois taillé « et sculpté au *champ de gueule avec neuf billettes d'argent*, 4, « 3, 2 *et* 1. »

Toute cette enquête coûta 33 livres 10 sous, qui furent acquittées par M. de Saint-Pierre, savoir : 13 l. 10 s. au sénéchal, 2 l. au greffier, 15 l. au peintre verrier et 3 l. au sergent. Bien que que nous n'ayons pas retrouvé la fin de la procédure, nous pensons que M. de Tréveneuc dut renoncer à ses prétentions.

Angers, imprimerie, P. Lachèse et Dolbeau. — 1878.

www.ingramcontent.com/pod-product-compliance
Ingram Content Group UK Ltd.
Pitfield, Milton Keynes, MK11 3LW, UK
UKHW032024260826
14628UKWH00006B/2718

9 782012 859661